Kurz vorm Öffnen des ersten Türchens am Adventskalender ist Fabio ganz aufgeregt: „Mama, Mama jetzt kommt endlich der Dezember. Ich bin so aufgeregt, der Dezember ist ganz anders als alle anderen Monate!“ „Da hast du Recht, dass du dich so freust. Da passiert ja auch so viel Schönes: Der Nikolaus befüllt deinen Stiefel, es schneit vielleicht und ihr könnt Schlittenfahren und dann natürlich das Weihnachtsfest mit der Bescherung.“ „Das meinte ich doch gar nicht: Der Dezember ist ganz besonders, sagt mein Freund Hannes, weil er ein ‚d‘ hat.“

O du knabenbringende Zeit

Frohe Weihnachten aus Kindermund

benno

Advent, Advent, ein Licht klein – rennt!

Enttäuschung

Im Advent erhalten die Großeltern Besuch von ihren Enkeln. In der Dämmerung schaltet Opa den großen Christbaum im Garten ein. Der 4-jährige Dominik reagiert darauf überhaupt nicht. Erst als seine Mama sagt: „Schau raus, der Christbaum brennt.“ Am Fenster erst Schweigen, dann sagt der 4-Jährige: „Die Kerzen brennen, aber der Christbaum nicht!“, und drehte sich sichtlich enttäuscht ab.

Zu viel Gloria

Bei einem gemütlichen Abend nach einem Adventskonzert sitzt ein redseliger Trompeter mit am Tisch der Werners. Er lässt sich ausführlich über verschiedene „Glorias“ aus, erwähnt das Wort „Gloria“ immer wieder. Der 2-jährige Stephan hört aufmerksam zu und interpretiert die für ihn unverständliche Rede auf seine Weise: „Mann geht Klo.“

Wer kommt vor dem Jesuskind?

Im Advent begegnen sich in der Wohnanlage Familie Müller und der bärtige Hausmeister. Der 4-jährige Anton erzählt ihm, dass die Familie unterwegs sei, um Krippen anzuschauen. Am Schönleinsplatz kommt die Familie zu dem Krippenhaus mit lebensgroßen Figuren, welche die „Herbergssuche“ mit Maria, Josef und dem Wirt darstellen. Der Papa sagt zu Anton: „Lauf schnell hin und schau, ob das Jesuskind schon in der Krippe liegt!“ Anton springt hin, guckt und ruft: „Das Jesuskind ist noch nicht da, aber der Hausmeister steht schon drin.“

Guten Tag, ich bin der Nikolaus

St. Nikolaus

Der heilige Nikolaus kommt in die Familie. „Wer von euch war denn ganz besonders brav und hat alles getan, was die Mutti wollte?“ Einstimmige Antwort der Kinder: „Der Papa!“

Selbst ist der Nikolaus

Der Nikolaus ist da und liest aus seinem goldenen Buch Paulas kleine Sünden vor. Schließlich fragt er: „War's das jetzt oder kommt noch mehr dazu?“ Paula: „Sag ich nicht, sonst schreibst du das auch noch dazu, du und der Rupprecht ist eh schlimm genug.“ Der Nikolaus darauf: „Kannst du mir ein Gedicht aufsagen oder ein Lied singen?“ Paula: „Das musst ja du wissen, hast eh alles in deinem Buch aufgeschrieben.“

Lieber Nikolaus

Tim sucht am Vorabend des Nikolaustages einen besonders großen Stiefel zum Aufstellen. Selbst Vaters Stiefel erscheinen ihm zu klein, sodass er nach einer anderen Lösung suchen muss. Plötzlich kommt ihm folgende Idee: Er bindet die Beinlinge seiner langen Hose unten zusammen und hängt sie mit den Trägern an die Türklinke. Dann heftet er einen Zettel an die Hose, auf dem zu lesen ist: „Lieber Nikolaus, sei so doll, mach mir meine Hose voll.“

In der Weihnachtsbäckerei

Süßes für die Tiere

„Mutti, spielst du mit uns?“, fragt die kleine Leni mit ihrer Freundin die Mutter. Die steckt mitten im Adventsstress und seufzt: „Und was spielt ihr?“, fragt diese zurück. „Wir spielen ‚Arche Noah‘.“ „Und was muss ich dabei machen?“ „Du musst die hungrigen Tiere mit Plätzchen und Schokolade füttern!“

Geniale Antwort

Die Familie backt Plätzchen. Es war ein wildes Durcheinander und es ist schon später Nachmittag geworden. Alexander beißt in ein großes Butterplätzchen hinein. Direkt will er sich das nächste nehmen. Seine Mutter meint: „Eins reicht aber.“ Alexander: „Mir reichen auch zwei.“

Worauf sieht Gott?

In der Adventszeit steht im Speiseraum einer katholischen Schule für die Kinder ein großer Obstkorb mit Äpfeln. Damit jedes Kind einen bekommt, hat eine Ordensschwester ein Schild neben den Korb gestellt: „Nimm nur einen – Gott sieht es." Daneben steht eine Schüssel mit frisch gebackenen Adventsplätzchen. Davor hat ein Kind ein Schild aufgestellt: „Nimm so viel, wie du willst – Gott sieht auf die Äpfel."

Winterkinder

Mitten im Winter

Auf dem Gang zum Schulgottesdienst macht der Pfarrer die Klasse auf die Schönheiten der winterlichen Landschaft aufmerksam: „Schaut, wie schön der liebe Gott den See hat zufrieren lassen!“ „Das das alles so hält. Ein Kunststück, mitten im Winter!“, meint Theo.

Ewiger Schnee

„So geschneit hat es schon viele Jahre nicht mehr“, erklärt die Erzieherin den Kindern. Die 4-jährige Greta blickt aus dem Fenster: „... aber liegen tut er immer noch.“

Relativ

„Hitze dehnt aus, Kälte zieht zusammen“, erklärt der Lehrer. „Wer weiß dafür ein Beispiel?“ – „Die Ferien!“, ruft Peter. „Die Sommerferien dauern sechs, die Weihnachtsferien nur zwei Wochen.“

Wunschzettel

Ein zufälliger Fund

Es sind nur noch wenige Tage bis Weihnachten. Der kleine Leo geht zu seiner Mutter und sagt: „Du, Mutti, du kannst die Eisenbahn von meinem Wunschzettel streichen. Ich habe nämlich zufällig eine in unserem Kleiderschrank gefunden!“

Neue Garderobe

Lucas hat an das Christkind einen Wunschzettel im Namen von Mama und Papa geschrieben: „Liebes Christkind, ich wünsche mir für Mama ein neues Kleid und eine Kreuzfahrt. Für Papa wünsche ich mir zwei neue Krawatten.

Zarte Saiten

Papa liest erstaunt den Wunschzettel der kleinen Klara: „Klara, du wünschst dir eine Geige zu Weihnachten? Ich habe früher Blockflöte geübt, das ist vielleicht nicht so schwer …“ „Papa, ich will Geige spielen. Unsere Lehrerin hat gesagt, das ist ein Streichelinstrument!“

Ein bisschen viel?

Klein-David schreibt dem Christkind einen langen Zettel mit seinen Weihnachtswünschen. „Ist das nicht ein bisschen viel?“, fragt der Vater, als er die große Liste sieht. „Aber freu dich doch, Papi“, antwortet der Junge, „so sparst du doch einen Haufen Geld!“

Noch mehr Wünsche

Verbaler Wunschzettel

Es ist bald Weihnachten und der kleine Johannes betet wie immer das Abendgebet. Auf einmal ruft er am Ende des Gebetes laut: „Lieber Jesus, bring mir bitte ein Fahrrad!“ „Schrei nicht so, Jesus ist nicht taub!“, ermahnt ihn seine Schwester. „Aber Oma ja!“

Prio 1

„Liebes Christkind, auf dem Wunschzettel, den ich hier beilege, habe ich alle Sachen angekreuzt, die ich unbedingt haben muss. Du kannst mir den Rest aber auch noch bringen."

Nachhilfe

Die 9-jährige Anna schreibt ihren Wunschzettel: „Eigentlich habe ich schon so viele Sachen, dass du mir dieses Jahr nichts zu bringen brauchtest. Dagegen wäre ich froh, wenn du einmal zu mir kommen könntest, um mir bei den Matheaufgaben zu helfen, damit die Note besser wird."

Herzenswunsch

Der 10-jährige Martin soll für seinen 3-jährigen Bruder Fabian beim Christkind anrufen. „Und was wünscht du dir?". „Einen groooooßen Bagger." „Ach Fabian, du wünscht dir immer dasselbe. Das ist ja langweilig. Wünsch dir doch mal was anderes." Fabian nach intensivem Nachdenken: „Einen kleinen Bagger?"

Engelsstimmen schief und schön

… leichter vorstellbar

Beim adventlichen Kindergottesdienst wird das Lied gesungen: „… macht Bahn, dass er Einzug halten kann …“ Der Pfarrer muss sich alle Mühe geben, das Lachen zu unterdrücken, als er Marcel mit kräftiger Jungenstimme singen hört: „… macht Bahn, dass der Eilzug halten kann …“

Angst vor Herodes

Der Kindermörder Herodes macht auf Kinder einen unauslöschlichen Eindruck. Das zeigt sich, als die 5-jährige Emma das Weihnachtslied „Herbei, o ihr Gläubigen“ umdichtet. Statt „O lasset uns anbeten“ singt sie stets „O lasset uns am Leben“.

Mit voller Überzeugung

Lucys Lieblingslied ist auch zur Weihnachtszeit „Weißt du, wie viel Sternlein stehen …“. Jeden Abend singt sie lautstark. Die Zeile „Gott, der Herr, hat sie gezählet, dass ihm auch nicht eines fehlet …“ hört sich bei ihr so an: „Gott, der Herr, hat sieben Zähne, dass ihm auch nicht einer fehle …“

Süßer Engel

Ein Weihnachtslied verkündet, dass durch die Geburt des Heilands das Paradies nicht mehr verschlossen sei: „… der Cherub steht nicht mehr dafür.“ In der Nachkriegszeit dachten die Kinder mehr an Lebensmittel als an Engel und ein „Cherub“ war zudem ein unbekanntes Wesen. In einem Flüchtlingslager sangen die Kinder deshalb ihre eigene Version: „… der Sirup steht nicht vor der Tür.“

Oh Christbaum, wie schön ist dein Lametta

Am Apfelbaume die Lichter brennen ...

Beim Weihnachtsgottesdienst fragt der Pfarrer: „Warum stellen wir uns denn einen Tannenbaum ins Zimmer und keinen Apfelbaum?“ Felix weiß die Antwort prompt: „Ja, wir haben doch nicht so große Christbaumständer.“

Putzen

Der 10-jährige Nico hat vor Kurzem ein Geschwisterchen bekommen. Mama hat mit der kleinen Ida alle Hände voll zu tun und so fragt Papa den 10-Jährigen: „Nico, hilfst du mir beim Christbaumputzen?“ Entsetzt schlägt Nico die Hände vor die Stirn: „Immer nur putzen, entweder die Ida oder den Boden oder den Baum.“

Einfach zu schwer

Vor Weihnachten soll die kleine Louisa Lametta für den Christbaum einkaufen. Aber im Laden fällt ihr das Wort dafür nicht mehr ein. Da zeigt das Mädchen auf das Sauerkraut und meint zur Verkäuferin: „Von dem da bitte – aber verchromt!“

Ich steh an deiner Krippe hier

Bodyguard für Jesus

Am Heiligen Abend sitzt die ganze Familie in der ersten Bank in der Kirche. Andächtig betrachten alle die Krippe mit dem Jesuskind. Plötzlich holt Ben seine Kinderpistole aus der Jackentasche. Seine Mama sagt: „Tu sofort die Pistole weg!“ Ben aber erwidert: „Ich muss aufpassen, dass das Jesuskind nicht gestohlen wird.“

Schulfrei

„Eigentlich schade“, meint Sonja, „dass Weihnachten und die Geburt Jesu auf den gleichen Tag fallen. Sonst hätten wir zweimal schulfrei!“ – „Noch schlimmer ist“, ergänzt Freundin Katja, „dass beide in eine Zeit fallen, wo wir sowieso schon Ferien haben!“

Kindermund tut Wahrheit kund

„Von wem hast du denn das schon wieder gelernt?“, fragt der Vater seinen kleinen Sohn, der mit Vergnügen ein neues, starkes Schimpfwort gebraucht. „Vom Christkind“, kommt die Antwort. „Rede keinen Unsinn!“, schimpft der Vater verärgert. Doch der Junge beharrt auf seiner Meinung: „Aber so ist es! Als das Christkind am Heiligabend die Geschenke unter den Weihnachtsbaum legte, ging auf einmal das Licht aus. Und im Dunkeln hat es sich an einem Stuhl gestoßen, und da hat es ziemlich deutlich gesagt: So eine Sch... – und das sogar ein paar Mal!“

Überraschungen unterm Christbaum

Alles selber?

„Du, Papi, macht eigentlich das Christkind alle Weihnachtsgeschenke selber?“ „Aber klar!“ „So, dann verstehe ich aber nicht, warum auf meinem Auto 12,95 € draufsteht.“

Weihnachten von Herzen

„Mama, wir haben es besser als die, die nicht an Gott glauben, stimmt’s?“ „Aber sicher, mein Kleines.“ „Uns bringt das Christkind die Geschenke, die anderen müssen sie sich selber kaufen!“

Weihnachten

Aus einem Schulaufsatz: „Zu Weihnachten kaufte ich meiner Schwester eine Flasche Parfüm, damit sie besser riecht."

Die genaue Uhrzeit

„Zu Weihnachten habe ich eine Digitaluhr bekommen", strahlt der kleine Stefan. „Das ist aber toll", freut sich Tante Sandra. „Wie spät ist es denn jetzt?" Darauf der Junge: „Genau 16 geteilt durch 30!"

Noch mehr Geschenke …

Doppelte Geschenke

Weihnachten steht vor der Tür und Fabio macht sich Gedanken über seine Geschenke: Anna: „Vom Christkind und den Weihnachtsmann wünsche ich mir ….“ Papa: „Es kommt doch immer nur einer. Bei uns kommt das Christkind.“ Anna: „Aber wenn doch beide kommen … Dann wünsche ich mir zwei Pippi-Langstrumpf-Bücher vom Weihnachtsmann und zwei vom Christkind. Dann habe ich vier!“

Familienzuwachs

Die Eltern sitzen mit ihren beiden Kindern beim Abendbrot. Weihnachten rückt näher und so dreht sich das Gespräch der 6-jährigen Charlotte und des 5-jährigen Jakob um die Weihnachtsgeschenke. Auf einmal fällt Charlotte ein, dass sie ja auch an die Geschenke für ihre Eltern denken muss, und so fragt sie: „Und ihr? Was wünscht ihr euch denn?“ „Zwei ganz liebe Kinder“, lacht die Mutter. „Oh, toll!“, rufen beide Kinder gleichzeitig. „Das ist super, dann sind wir zu viert!“

Weihrauch, Gold und Möhren

Freistoß

Die Sternsinger stehen vor der Tür von Herrn Schuster und bitten um eine großherzige Spende. – „Da hab ich ja die Richtigen erwischt“, schimpft der. „Ihr seid doch die Kinder, die gestern mit dem Fußball mein Fenster zertrümmert haben und dann weggerannt sind.“ – „Aber heute sind wir die Heiligen Drei Könige“, versichert Dominik, „und die hatten mit Fußball überhaupt nichts im Sinn!“

Edel-Menü

Isabel lauscht andächtig der Geschichte von den Heiligen Drei Königen. Papa kommt herein und fragt gespannt: „Und weißt du jetzt, was die Heiligen Drei Könige dem Jesuskind mitgebracht haben?“ „Ja, zu essen und zu trinken: Wein, Rauch, Gold und Möhren.“

Fluchtversuch

Der kleine Jonas hat gerade das schnelle Rennen für sich entdeckt. Beim Abendspaziergang mit der Mama schaut der Kleine in den Himmel und sprintet dann plötzlich los. Mama ist schneller und fängt ihn ein. Sie fragt: „Sag mal Jonas, das geht doch nicht, du musst schön bei mir bleiben. Warum läufst du denn einfach weg? Es ist doch schon dunkel.“ Unerschrocken antwortet Jonas: „Aber sonst kommt doch Weihnachten nicht! Die Heiligen Drei Könige mussten auch loslaufen, als sie da oben den hellen Stern sahen.“

Bibliografische Information der Deutschen Nationalbibliothek
Die Deutsche Nationalbibliothek verzeichnet diese Publikation in der Deutschen Nationalbibliografie; detaillierte bibliografische Daten sind im Internet unter http://dnb.d-nb.de abrufbar.

Besuchen Sie uns im Internet:
www.st-benno.de

Gern informieren wir Sie unverbindlich und aktuell auch in unserem Newsletter zum Verlagsprogramm, zu Neuerscheinungen und Aktionen.
Einfach anmelden unter www.vivat.de.

ISBN 978-3-7462-6387-8

Zusammenstellung: Claudia Michels, Leipzig
Umschlaggestaltung: Rungwerth Design, Düsseldorf
Gesamtherstellung: UFER Verlagsherstellung, Leipzig (B)